Heuberger Sven

Masken

Virus

Demokratie

Für Erik

FSC
www.fsc.org
MIX
Papier aus verantwortungsvollen Quellen
Paper from responsible sources
FSC® C105338

IMPRESSUM

Herstellung und Verlag: BoD – Books on Demand, Norderstedt
ISBN: 9783752687217

Inhalt

Einleitung
Die Masken, das sind wir selbst

Im Frühherbst 2020 gebe ich die Prognose ab, dass die Pflicht zum Tragen eines Mund-Nasen Schutzes zeitlich unbeschränkt fort gelten wird.

Im Tragen der Maske und der Anti-Corona Maßnahmen, spiegelt sich die ganze Bandbreite der technischen Entwicklung mitsamt ihrem Einfluss auf das Individuum wider. Beginnend bei der von Angst gesteuerten Einführung der Tragepflicht bis hin zum Ausweiten des Maskentragens im freien öffentlichen Raum, erscheint mir persönlich der Widerstand dagegen immer geringer zu werden.

Das Maskentragen ist ein Anpassungsvorgang, es ist ein Anpassungsvorgang an eine Welt, in der jeder Mensch absolut vereinzelt und atomisiert lebt. Es ist eine Welt voller Angst vor dem Nächsten und der Auftakt zu einem Leben in völliger Fremdbestimmtheit, Einsamkeit und Dunkelheit.

Die Masken und der andere

Warum sollte ich eine Maske anziehen? Warum sollte der Mann im Bus, der neben mir sitzt, eine Maske tragen? Was ist der eigentliche, ursprüngliche Grund dafür?

Die Behörden sagen, dass die Maske getragen werden muss, *um den anderen vor mir zu schützen*. Vor was genau?

Vor einer Ansteckung durch eine lebensgefährliche Krankheit, völlig egal wie diese auch heißen mag.

Im Kern bedeutet, diese Aussage die Reduktion eines Menschen, immerhin (!), auf ein lebensgefährliches Risiko. *Lebensgefährlich* ist der zentrale Punkt, denn eine Ansteckung mit ein paar harmlosen Bakterien rechtfertigte doch nicht eine flächendeckende Tragepflicht von Masken?

Auch bedeutet es, dass der andere und ich selbst uns öffentlich auf der Ebene eines *lebensgefährlichen Risikos* begegnen.

Das Gespräch zwischen Schüler und Lehrer?

Ein lebensgefährliches Risiko!

Die Fahrt im Bus mit mehreren Personen?
Ein lebensgefährliches Risiko!
Die Arbeit im Büro und in der Fabrik?
Ein lebensgefährliches Risiko!
Die Sexualität?
Sowieso immer ein lebensgefährliches Risiko!
Das Umarmen eines entfernten Verwandten auf einer Beerdigung?
Ein lebensgefährliches Risiko!
Die Umarmung des Enkels, der aus der Schule kommt, mit seiner Großmutter?
Ein unbeschreibliches, lebensgefährliches Risiko!

Es werden also diffuse, nicht direkt lokalisierbare Ängste geschürt. Diffus, weil niemand ein Virus sehen kann, genauso wenig wie Radioaktivität oder das Waldsterben in den 80er Jahren. Deren Wirkkraft an politischer Instrumentalisierung dem Leser sicherlich bekannt sind.

Die Beziehungen zwischen Menschen werden dadurch generell pathologisiert.

Und zwar auf dem Rücken, der eigentlich wohlmeinenden Rücksichtnahme.
Denn wenn auch der äußere Eingriff noch nicht auf die direkten verwandtschaftlichen Beziehungen abzielt (Vater, Mutter, Großmutter, Sohn, Tochter etc.), so weiß man doch instinktiv, dass auch diese mitgemeint sind. Auch diese sind mitunter lebensgefährlich und welch Tragik und Reue dem Sohn, der seine Großmutter so ins Grab gebracht hat.
Durch die Pathologisierung des anderen wird also eine Distanz zwischen Menschen aufgebaut. Bei genauer Beachtung aller Vorgaben wird sich weniger unterhalten, weniger oft getroffen, weniger gereist, weniger Leute lernen sich untereinander kennen. Viele Alte gehen gar nicht mehr in Gesellschaft.
Demgegenüber steht der wahnwitzige Gegensatz, der über elektronische Massenmedien verbreitet wird: „Dass jetzt alle zusammenhalten müssen“. Ein Paradoxon, so scheint es.

Also je mehr man sich voneinander entfernt, desto mehr hält man zusammen?

An dieser Stelle könnte man einhaken. Wie sieht es mit der Vernunft aus? Wäre es nicht am besten, wenn Kranke, oder solche, die sich krank fühlen, einfach zu Hause bleiben oder nur diese sich eine Maske anziehen, wenn sie nach draußen gehen?
Es könnte doch so einfach sein...

Bei solcherlei Überlegungen wird übersehen, dass die Herrschaftstechnik, dem Beherrschten keinerlei Rationalität zubilligt. Der Beherrschte handelt grundsätzlich immer unberechenbar und unvernünftig ist darüber hinaus gar nicht fähig vernünftig zu handeln.
Deshalb muss er durch die Verbreitung von diffusen Ängsten dazu gebracht werden, sich so zu verhalten wie die Herrschenden es für richtig halten. Und dies ist nun mal der **Kampf gegen das Virus** und da muss die Maske rauf. Zuwiderhandeln steht unter Strafe. Es darf zu

keiner Zeit der geringste Zweifel bestehen, wem der Hass der Öffentlichkeit zu gelten hat.
Und das ist der Virusverbreiter, weil dieser potentiell mordet!
Ähnlich wie die 68er „Revolution“ als Anpassungsbewegung an die technisch-demokratische Massendemokratie gesehen werden kann, so kann auch das Maskentragen als Anpassungsbewegung an die fortschreitende Digitalisierung und Atomisierung von menschlichen Kontakten gesehen werden. Nebenschauplätze wie Home Office oder digital übertragene Besprechungen tragen entscheidend zu diesen Gesamtbild bei. Der Einzelne wird als austauschbarer Funktionsträger gesehen. Er wird entpersonalisiert und endet in dem Zustand, dass ihm ein Massenprodukt (iphone, Mercedes, etc.) als Erfüllung seiner individuellen Bedürfnisse verkauft werden kann. Man bedenke; das oberste Ziel der industriellen Produktion ist, dass ein Produkt dem anderen zu 100% gleicht. Dieser Maxime scheint die technisch-demokratische

Massengesellschaft auf seine Konsumenten übertragen zu wollen.
Die Pathologisierung der Kontaktbegegnungen, die auch schon seit längeren besteht, kann nur durch eine technische Normung erträglich sein. Zumal nunmehr eine unsichtbare Gefahr besteht, die sich überall befinden kann.
Diese technische Normung ist die Maske, welche der Impfung immer voraus geht. Beides sind technische Maßnahmen zur Normung von Menschen. Diese Normung spielt sich auf der Ebene der Gesundheit ab. Es geht die Berechenbarkeit von Risiken, sowie es in der industriellen Produktion um die Reduktion von Ausschuss geht.
Um die primäre Annahme zu stützen, bleibt zu sagen, dass ein Gesundheitsrisiko durch Viren und Bakterien immer besteht und bestand. Konsequenterweise müssen auch die Maßnahmen zu ihrer Bekämpfung und Risikominimierung immer bestehen.
Nostalgiker wenden ein, früher hat man doch mit

der jahreszeitlichen Grippe auch leben können.
Damals begriff sich der Mensch aber selbst in geringeren Maße als selbst optimierbares, atomisiertes Individuum ohne Bindungen. Durch die stärkeren Bindungen der Individuen untereinander wäre eine Durchsetzung von technischen Normierungsmaßnahmen auf der Ebene der Gesundheit zu früherer Zeit auf weniger Akzeptanz bei gleichem Risiko gestoßen.

Mit zunehmender Entfremdung von Existenzrisiken im Allgemeinen, wie Krankheit, Hunger, Armut, Leiden, Todesqualen, wuchs parallel auch die Angst vor ebendiesen Faktoren im Unbewussten mit. Kurzum die Bereitschaft atomisiert, also alleine im Krankenhaus zu sterben, ist sehr gering, was dazu führt alles hinzunehmen, was diesen Zustand hinauszuzögern vermag. Wenn in Großstädten mit 3 Millionen Einwohnern in jeden Supermarkt nur mit Masken eingekauft wird, obwohl niemals eine Virusinfektion in einen Supermarkt nachgewiesen werden konnte, dann wird der Anpassungsvorgang umso deutlicher sichtbar.

Man wehrt sich nicht so sehr gegen das, was man doch in Innersten schon ist.

Die Masken und ihre Symbolik

Die Maske als Symbol für den Verlust der Meinungsfreiheit erscheint diskutabel. Zumal sie ja den Mund verdeckt. Ich gehe dennoch einen Schritt weiter.

Wer würde denn seine Meinungsfreiheit verlieren? Was ist diese Freiheit denn wert? Den Arbeitsplatz? Den Freundeskreis? Das gute Verhältnis zu Verwandten?

Was lässt einen Menschen denn im Allgemeinen verstummen? Es ist nicht mehr als diese diffuse, existenzielle Angst. Wer will denn schon wissentlich der sein, der für andere ein lebensgefährliches Risiko darstellt?

Die Maske ist ein Symbol vieler Ängste, die unser Dasein schon immer umgeben und gequält haben.

Zusätzlich ist sie auch ein Angst Multiplikator, da die Gefahr ja von jeden einzelnen ausgeht, erscheint eine Vielzahl deutlich bedrohlicher.

Es kommt hinzu, dass die Maske auch der Fingerzeig auf das Vorhandensein der Gefahr schlechthin ist. Würde keiner eine Maske tragen, dann würde die lebensbedrohliche Gefahr sehr schnell aus dem Sinn geraten, da die Maske ja immer das Statement ist: **Ich habe Angst!**

Die Maske ist ein Symbol der Angst und der Distanzierung, sowie Abgrenzung zum Nächsten.

Keinesfalls ist sie ein Symbol des Schutzes oder des Trostes. Wenn so viele Menschen mit Geigerzähler herumlaufen, dann muss es doch irgendwo auch die Radioaktivität geben?

Die Abgrenzung wird sichtbar in den Fällen, da es mal vorkommt, dass jemand ohne Maske herumläuft. Die Reaktionen sind grundsätzlich aggressiv, was daher rührt, dass dort kein *Mitmensch,* sondern ein Gefährder aufgetaucht ist. Oftmals verlaufen solche Begegnungen eskalierend und beängstigend kalt. Wo ist das Gefühl der Mitmenschlichkeit, welches tagtäglich über den Bildschirm schwappt, dass man *mitfühlend sein solle.* Warum wird dem armen Kerl, der ja dort im Supermarkt von dutzenden, lebensgefährlichen Gesundheitsrisiken in menschlicher Gestalt umringt wird; ja warum wird ihm denn keine Maske von den Anwesenden angeboten? Wo ist nur das Gefühl der Mitmenschlichkeit abgeblieben?

Mit der Maske fallen Empathie, Solidarität und Interesse am anderen.

Es bleibt festzustellen: Technisch normierte Objekte können keine Mitmenschlichkeit ausüben. Es ist wahrscheinlicher, dass dieser Mann, der den Supermarkt ohne Maske betreten hat, von der Polizei abgeholt oder von Kunden geschlagen und vertrieben wird, als dass ihm jemand helfen wird, weil die Angst umgeht.

Von hoher Symbolik ist auch die Schließung der Kirchen, währenddessen aber Baumärkte geöffnet blieben. Den Mitmenschen zu entmenschlichen ist aus christlicher Sicht durch nichts zu rechtfertigen. Doch nichts hörte man von dort. Man könnte fast meinen die Geistlichen sind zur Überbrückung der unkomfortablen Situation alle in den Baumarkt gefahren, damit sie zuhause im Home Office etwas zu tun haben.

Die Masken, das Virus und die Demokratie

Ein Virus ist in erster Linie eine unsichtbare Gefahr. Alle kennen dieses Gefühl: man fühlt sich schlecht und dann geht's dahin; Fieber, Schüttelfrost. Man hatte es nie kommen sehen. Man weiß nicht, wo man sich angesteckt hat und auch nicht wie man es hätte vermeiden können. Es kam einfach aus dem nirgendwo. Ein Virus kann eine massive Bedrohung für die Gesundheit sein. Die Medizin unterscheidet zwischen Infektion und Erkrankung, zu Recht. Denn jeder besitzt ein Immunsystem zum Abtöten von Viren.

Ich erinnere mich ein einen Vorgang, der schon etwas zurück liegt, quasi noch aus der Vor-Corona Zeit. Einem unliebsamen Mitarbeiter wurde gekündigt, einfach so. Wie war das möglich? Dieser Mitarbeiter hatte schon über 10 Jahre für die Firma gearbeitet und hatte sich stets mustergültig verhalten, nie eine Abmahnung bekommen, gute Arbeitsergebnisse abgeliefert. Trotzdem scheint seine Nase jemanden nicht

gefallen zu haben und er konnte entlassen werden. Wie war das also möglich?
Nun, dieser Mann wurde zu einem Sicherheitsrisiko stilisiert. Offenbar hatte man etwas gefunden, was als Gefahr für Sachen oder Menschen *ausgelegt* werden konnte. Mit dieser Argumentation konnte man ihn, quasi an dem grundlegenden Arbeitsschutzgesetz vorbei, entlassen.
Wir merken also; die Streuung von diffusen Risiken und deren Projektion auf eine Zielperson, kann diesen seinen Rechtsstatus entheben, wie hier in diesen kleinen Beispiel.
Wie könnte man also die Demokratie aushebeln? Ich meine hier die Rechtsstellung jedes Bürgers.
Zuerst muss ein hohes putatives Risiko her. Das lebensbedrohliche Virus ist der König der diffusen Ängste und das schon seit der Pest. Besser geht's nicht.
Als nächstes muss diese diffuse Angst verbreitet werden. In diesen Fall reicht schon das bloße Bekanntmachen über die Medien, da ohnehin

jeder Angst vor gefährlichen unsichtbaren und unbekannten, mithin *neuartigen* Viren hat.
Jetzt ist man dort angelangt, dass jeder der Träger eines lebensgefährlichen Risikos ist. Also jeder kann aus der Gemeinschaft herausgeworfen werden wie der Angestellte aus dem Beispiel. Das ist nicht zielführend, da nicht alle ausgestoßen werden sollten
Um die Herrschaft auszuüben muss also ein Instrumentarium her, welches es den Herrschenden ermöglicht Kontrolle auszuüben. Davon gibt es mehrere: Infektionszahlen, schreckliche Bilder von Intensivstationen, Berichte über Kranke und Verstorbene, Maskenpflichten, Abstandsregeln, Corona-Ampeln und vieles mehr.

Über den Deckmantel der Gesundheit werden also Rechte ausgehebelt, z.B. Freizügigkeit, Personenrechte. Diese Rechte gelten umfänglich für jeden Bürger, aber mit einem Virus, das überall ist, hat man zeitgleich eine ebenso umfänglich geltende Ausschaltung dieser Rechte gewonnen.

Diese Machtinstrumente sind für die Herrschenden zu verführerisch um jemals wieder abgegeben zu werden. Politiker, die sich jahrelang damit abfinden mussten, dass sie kritisiert werden, weil die Steuern zu hoch, die Straßen zu schlecht oder das Bildungssystem verkommt, sie erleben jetzt ein Hoch in den Umfragen. Alle rufen: Schützt und vor dem sicheren Tod! Kurz vor der Abwahl auf den Sonnenkönig Thron erhoben. Niemals wird diese Macht freiwillig wieder hergegeben werden.

Eine unsichtbare Gefahr von Viren, sei sie real oder konstruiert, wird es immer geben und hat es schon immer gegeben. Daher ist davon auszugehen, dass das Pandemie-Machtinstrumentarium über die Covid-19 Erscheinung hinaus bestehen bleibt, einfach aus dem Grund, weil die Herrschenden die neue Macht nicht wieder abgeben wollen.

Wenn mit den Ängsten von Bürgern gespielt wird, so ist dies ebenso verwerflich wie für manche Personenkreise verführerisch. Da durch die Vereinzelung des Menschen in der späten technischen Massendemokratie die meisten Informationen aus den Kanälen von kontrollierten Medien erfolgen, ist davon auszugehen, dass eine eventuelle Diskrepanz zwischen vorgespielter Schwere der Situation und realer Situation, nicht durchdringen kann. Und so wird das Virus bis in die privatesten Kreise hinein regieren. Mit Misstrauen, mit Angst, mit immer stärkerer Vereinzelung und mit zunehmender Abhängigkeit von Staat, welcher die Kontrolle ausübt. Diese Macht kann, kanalisiert über die Gesundheitsbedrohung, sogar die Kernfamilie sprengen.

Es gibt das Sprichwort: „Der Mensch ist ein Gewohnheitstier". Dieses Sprichwort bestätigt sich dieser Tage erneut. In meiner Nachbarschaft wurde eine immer stark besuchte Supermarktfiliale renoviert. Nach der Renovierung findet man kein Hinweisschild am Eingang, dass Masken getragen werden müssen oder Mindestabstände eingehalten werden sollen. Die Kunden, die den Markt betreten machen das alle freiwillig und ohne

Probleme, besser kann es für das kommende totalitäre System gar nicht laufen.
Über Gewohnheitseffekte wird die Gesellschaft in ein dunkles Haus aus Absperrung und Arbeit gedrängt. Das Regime, das durch ein Virus entsteht, wird ein durch und durch totalitäres sein. Alle werden sich darauf einstellen und daran gewöhnen. Am Ende werden die meisten Länder nichts weiter als große Arbeitslager sein. Vergnügen wird es nur unsichtbar für die Eliten geben.

Titelbild

"Stromboli Eruption“ (1980) by Wolfgang Beyer

https://de.wikipedia.org/wiki/Benutzer:Wolfgangbeyer

Diskussion und Kontakt

sheu2102@protonmail.com